Collection de M. F...

TABLEAUX

MODERNES

Collection de M. F...

———

TABLEAUX MODERNES

CONDITIONS DE LA VENTE

Elle sera faite au comptant.

Les adjudicataires paieront *dix pour cent* en sus des enchères.

Paris. — Imp. Georges Petit, 12, rue Godot-de-Mauroi. — 20413-10.

CATALOGUE

DE

TABLEAUX

MODERNES

PAR

BAIL, CALAME, CHAIGNEAU, CHAPLIN, CONSTABLE
COROT, COURBET, DIAZ, JULES DUPRÉ
VICTOR DUPRÉ, FANTIN-LATOUR, HARPIGNIES, ISABEY, CHARLES JACQUE
JONGKIND, LAMBINET, TH. ROUSSEAU, ROYBET
STEVENS, FASSAERT, ZIEM

Provenant de la Collection de M. F...

ET DONT LA VENTE AURA LIEU A PARIS

HOTEL DROUOT, Salle N° 6

Le Lundi 7 Mars 1910

à 2 heures 1/2 precises

<table>
<tr><td>COMMISSAIRE-PRISEUR</td><td>EXPERT</td></tr>
<tr><td>M HENRI BAUDOIN</td><td>M. GEORGES PETIT</td></tr>
<tr><td>Successeur de Me Paul CHEVALLIER</td><td>8, rue de Sèze, 8</td></tr>
<tr><td>10, rue Grange-Batelière, 10</td><td>PARIS</td></tr>
</table>

EXPOSITIONS

PARTICULIÈRE : *Le Samedi 5 Mars 1910, de 1 h. 1/2 a 5 h. 1/2.*
PUBLIQUE : *Le Dimanche 6 Mars 1910, de 1 h. 1 2 a 5 h. 1/2.*

PRÉFACE

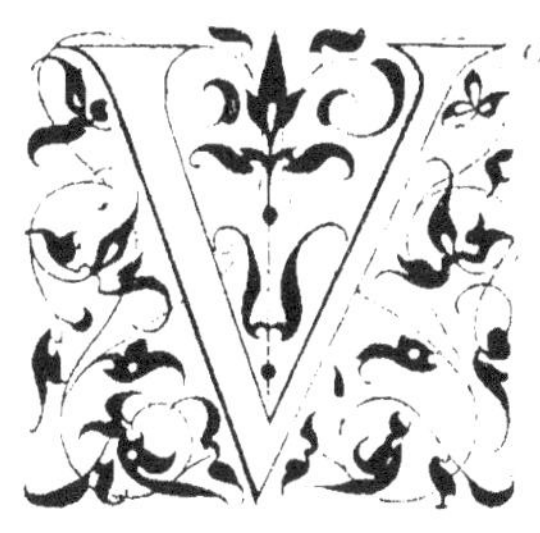oici une réunion de tableaux qui se
recommande à l'attention des con-
naisseurs. Les œuvres ne sont pas
nombreuses, mais le choix dont elles
témoignent est celui d'un délicat,
singulièrement renseigné de ce que
doit être une symphonie euchro-
matique. Tout y est mesuré, de façon
que l'ensemble en soit délicieux, sans rien de sacrifié et sans
rien d'excessif. La nature et la figure y apportent un égal
coefficient de beauté, et les tendances les plus attachantes de
l'école française de 1830 y sont marquées par des morceaux
qui souvent sont des petits chefs-d'œuvre. Et puis, il y a,
parmi les illustres de la collection plus loin décrite, des
noms que l'on n'est pas accoutumé de rencontrer et que l'on
est, ma foi, très heureux de rencontrer.

Ainsi, à côté du ravissant Corot, si chaud de couleur,
si tendre de sensation, à côté du J. Dupré, si puissant, à côté
de deux Diaz où le maître raconte la forêt à sa façon, à
côté de l'effet de neige, d'une si belle crânerie, de Courbet,
des deux pages très solides d'Harpignies, de l'admirable

Rousseau, de l'éclatante fête de lumière de Ziem, qui évoque la Venise des Doges, du canal si attrayant, que Jongkind peint avec amour, parce qu'il lui parle de sa Hollande jamais oubliée, il me plaît fort de voir un paysage de John Constable, un paysage de ce magnifique naturiste, qui mourut en 1837, juste à l'heure où l'influence de son art commençait à s'exercer, où l'on comprenait, — du moins une élite de peintres français jeunes, — ce que ce très bel artiste avait conquis dans le domaine jamais complètement exploré de la lumière et de la couleur.

Et le tableau de Constable, qui est plus loin décrit, est bien fait pour justifier sa présence dans la collection. Il offre le régal d'un coin de bois heureusement choisi pour le pittoresque et magistralement interprété, avec de glorieux massifs d'arbres, aux frondaisons épanouies, vertes ou mordorées, encore débordantes de sève ou déjà jaunies par la rouille annonciatrice de l'automne.

Il me plaît aussi de voir, à côté de ces noms fameux, ceux de Calame, de Chaigneau, de Victor Dupré et de Lambinet. Ces peintres, en dépit de leur très réel talent, sont demeurés à mi-chemin de la gloire : on ne leur a pas fait la part de succès à laquelle ils avaient droit, et l'on a attendu qu'ils fussent morts ou qu'ils eussent atteint au soir de la vie, pour reconnaître que la justice ne leur avait pas été équitablement distribuée.

Ils sont de ceux qui forment la légion des petits-maîtres, c'est-à-dire des peintres qui, au lieu de tendre à une sensation généralisatrice, se sont enfermés dans une sensation d'intimité obstinée ; ceux qui, au lieu de voir l'émotion dans la nature, — émotion faite d'une vibration collective et universelle, — se sont plus à voir la nature dans leur émotion propre, — émotion réduite, plus délicate peut-être, mais à coup sûr plus égoïste, et dont on ne sent toute l'ivresse qu'après un effort de compréhension ou mieux de transposition de son propre moi.

Et parce qu'il a manqué à ces petits-maîtres l'étincelle du génie d'un Corot, d'un Rousseau ou d'un Jules Dupré, ils n'ont pas eu le coup d'aile suffisant pour s'envoler en plein ciel triomphal. Mais c'est vraiment leur être bien cruel que de ne les point admettre dans les collections, et l'exemple donné ici est excellent, puisqu'il prouve que les classifications sont toujours artificielles, et que toute œuvre belle demeure belle partout où on la place.

Si le choix des paysages est délicat dans la collection dont je m'occupe, le choix des figures ne l'est pas moins et, de suite, il convient de saluer la Jeune fille au lapin, de Tassaert.

Je ne m'attendrirai pas, comme le fit Charles Blanc, sur le chagrin que prête le célèbre critique à la fillette devant le lapin mort. Je n'oublie pas que Blanc écrivait sa lettre à Baroilhet en 1855, à un moment où fleurissait la romance sentimentale, avec titre gravé par Nanteuil. Mais il n'est pas nécessaire de pousser au tragique l'interprétation du drame, pour voir en cette œuvre une des pages les plus admirables de Tassaert. Cette figure délicieuse et simple et vraie, qui s'enlève en gris, — un gris qui eût ravi Chardin, — sur le fond gris, avec, comme pédale forte, le pelage fauve du chat dressé contre la fillette, cette figure-là fait plus pour la gloire de Tassaert que vingt autres œuvres du même maître, plus importantes peut-être. C'est un chef-d'œuvre dont le regard ne se rassasie pas, et l'on voudrait que la commission supérieure des Musées nationaux ne la laissât point échapper.

Et comme cette figure-là était en harmonie, non seulement avec les paysages dont je parlais plus haut, mais encore avec les autres figures : les Enfants de chœur, de Bonvin, qui firent longtemps partie de la collection Coquelin, le Reitre, *que Roybet a si grassement peint, et les Chambrières, de Joseph Bail, et la ravissante Fée, que Diaz découvre au fond d'un bois sacré, pour des jeux d'amours, comme il avait le secret de les concevoir.*

J'imagine que les vingt-six tableaux de cette collection vont faire bien des envieux lorsqu'ils paraîtront en vente publique : on va les désirer ; on leur fera, du regard, les confidences les plus flatteuses ; et l'on finira par des enchères qui seront utiles à la gloire des peintres : de cela, il faudra savoir gré à l'amateur très fervent qui les avait réunis.

L. ROGER-MILÈS.

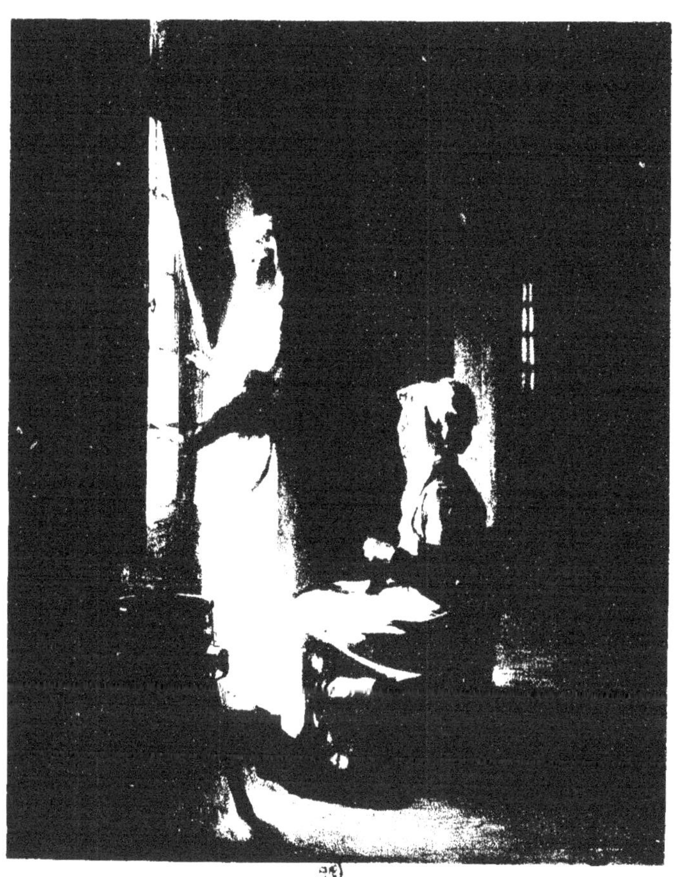

1

TABLEAUX

BAIL

JOSEPH

1 — *Les Chambrières.*

Dans la pièce aux fenêtres hautes, où la lumière
pénètre, blonde et diffuse, deux chambrières en coiffures
et tabliers blancs, corsages rouges et manches de lustrine
noire, ne semblent guère attentives au travail. L'une
debout, vue de trois quarts à gauche, la tête tournée de
face, se tient debout près de la fenêtre, et en soulève
le rideau de soie verte, si elle détourne ainsi le visage,
c'est sans doute pour mieux le laisser contempler du
dehors sans avoir par trop l'air de s'en apercevoir. Sa
compagne, assise de profil à gauche, s'est arrêtée de
tricoter un bas et regarde franchement devant elle. Sur
un trépied, près des chambrières, se trouve une corbeille
à ouvrage.

Signé à droite, en bas : *Bail Joseph.*

Toile. Haut., 75 cent., larg., 59 cent.

BONVIN

F.

2 — *Les Enfants de chœur.*

C'est pendant le sermon. Près du lutrin, sur le pupitre
duquel est ouvert un antiphonaire in-folio, les enfants de
chœur, vêtus de rouge, sont assis. Ils sont cinq : les deux
premiers se laissent aller à un sommeil bienfaisant. Le
troisième, tournant la tête de face, regarde le public. Les
deux autres, les yeux en dessous, causent à voix basse,
en se dissimulant.

Signé à gauche, en bas, avec cette dédicace : *A mon
ami Gil Perès, J^{er} 1856. F. Bonvin.*

Toile. Haut., 27 cent.; larg., 35 cent.

Collection C. Coquelin (1906).

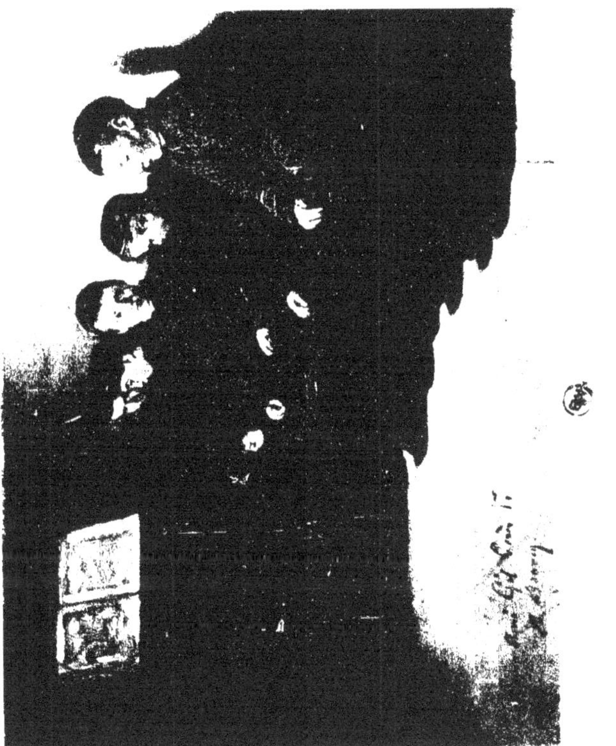

2

CALAME

(A.)

1810-1864.

3 — *Le Torrent dans la montagne.*

A droite, les sapins dont les racines tourmentées s'accrochent comme des doigts crispés aux flancs des roches. Puis, escaladant les obstacles, renversant les arbres, écumant autour des troncs brisés, le torrent impétueux, mugissant, magnifique de brutalité et de lumière. Dans le ciel bleu, des nuages apaisés.

Signé à gauche, en bas : *A. Calame.*

Toile. Haut., 23 cent. 1 2 ; larg., 28 cent.

CHAIGNEAU

(F.)

4 — *Moutons dans un pré.*

Dans le pré, tout émaillé de coquelicots, qui s'étend en bordure des fermes, la petite paysanne, qu'on aperçoit à gauche, assise au milieu des herbes, laisse paître ses sept moutons qui sont debout ou couchés.

Dans le ciel bleu, quelques envolées de nuages blancs.

Signé à gauche, en bas : *F. Chaigneau.*

Panneau. Haut., 15 cent.; larg., 20 cent.

CHAPLIN

(CH.)

5 — *Indolence.*

C'est une jeune femme, paresseusement reposée sur des coussins, les cheveux blonds dénoués, les épaules émergeant, calines, d'une chemise agrémentée d'un ruban bleu et d'un fichu de mousseline noué autour du cou. La figure se détache sur un fond rosé.

Signé à gauche, en bas : *Ch. Chaplin.*

Toile. Haut., 57 cent.; larg., 50 cent. 1 2.

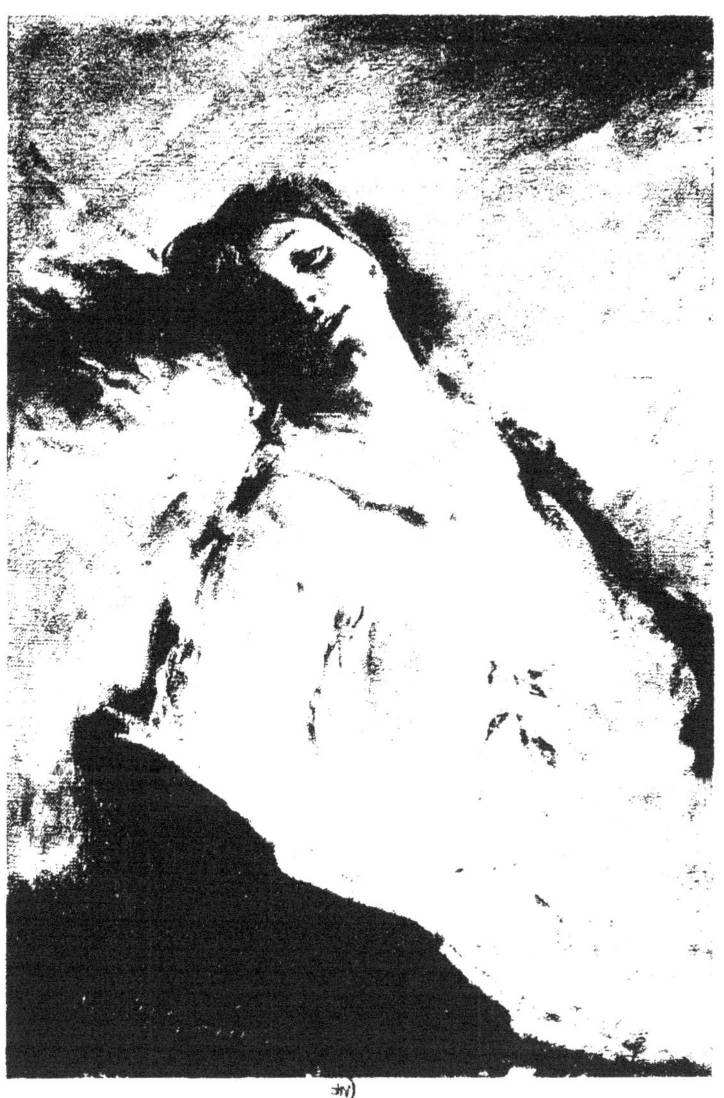

CONSTABLE

(J. I. R. A.

6 — *Lane Scene near Salisbury.*

Un parc aux grands arbres, dont les frondaisons se
balancent, à droite, au-dessus d'une mare. A gauche, sur
le chemin, et la canne à la main, un promeneur s'avance.
en redingote noire, gilet rouge et pantalon marron. Au
fond, du même côté, on aperçoit sous les branches, au
devant d'un pavillon coiffé de tuiles rouges, une dame
qui se promène avec son enfant.

Derrière le panneau, on lit, au-dessous du titre :
*From Captain Constable's, and subsequently from his son
Eustache Constable's collection.*

Panneau. Haut., 30 cent.; larg., 39 cent. 1 2.

COROT

7 — *La Moussière dans la forêt.*

C'est le soir : le ciel est encore embrasé des lueurs
fauves du soleil qui tarde à décliner. Le long du chemin
creux qui serpente dans la forêt, la moussière. son sac
sur l'épaule et sa marmotte rouge sur la tête, s'en
retourne vers le village. Les grands arbres. autour d'elle.
dressent leurs panaches aux feuilles balancées.

Signé à droite, en bas : *Corot.*

Panneau. Haut.. 19 cent.; larg., 12 cent. 1/2.

3

COURBET

8 — *Le Cerf aux abois.*

Dans la forêt, au sol mouvementé couvert de neige,
le cerf, la langue pendante, fuit, éperdu, devant les chiens
précipités sur ses traces. Et ce cerf va se jeter à l'eau.
Tout autour, les arbres et les bruyères sont poudrés à
blanc comme de vieux marquis, et dans le coin, à droite,
on aperçoi au ciel une traînée d'azur.

Signé à gauche, en bas : *G. Courbet, 64.*

Toile. Haut., 46 cent.; larg., 55 cent.

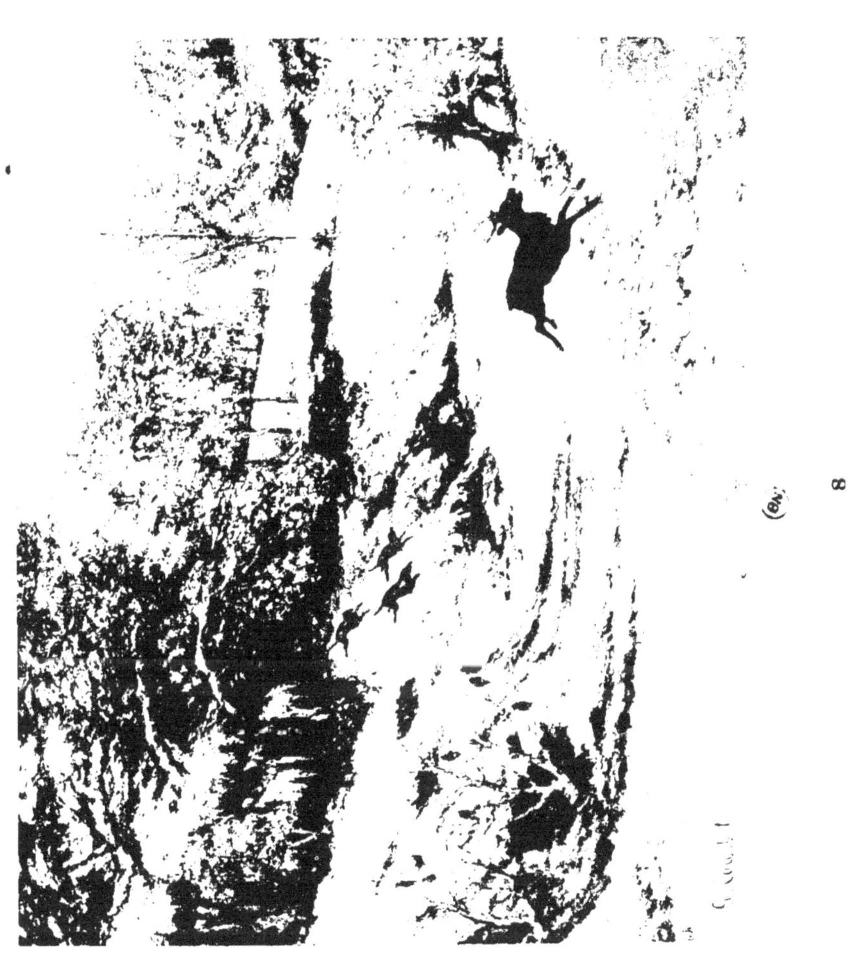

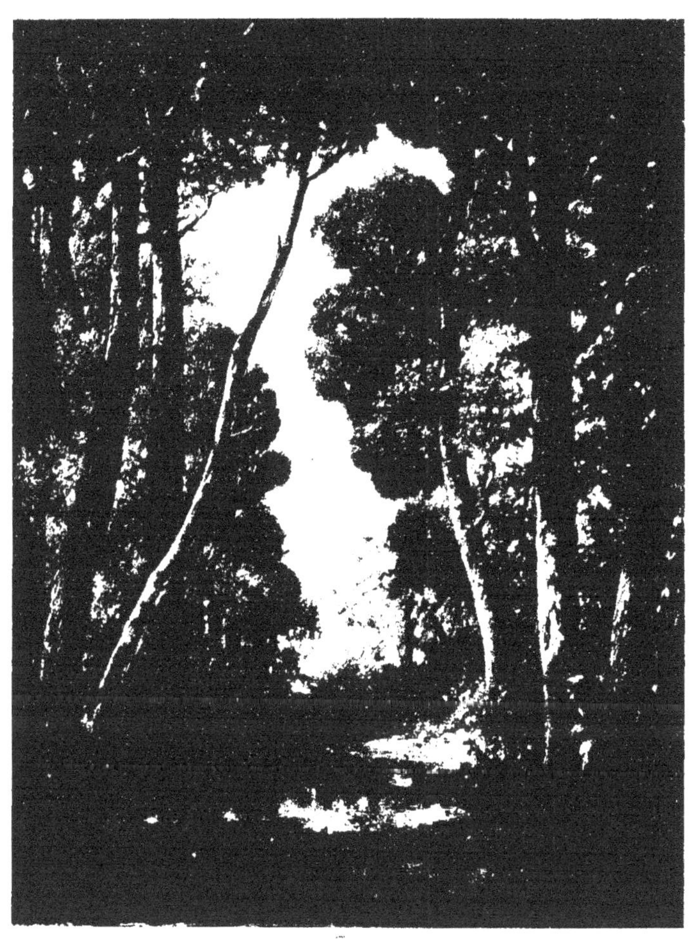

DIAZ

9 — *La Mare dans la forêt.*

Dans la forêt : les grands arbres se dressent, majes-
tueux, autour de la mare dont le miroir argenté réfléchit
les frondaisons épaisses, balancées en panaches épanouis
sur l'écran du ciel bleu, où s'envolent de lumineuses
nuées. Sur l'écorce des arbres, la lumière vient mettre
des caresses blondes qui semblent des luisances d'orfè-
vrerie. A droite, sous l'ombre des branches, une bûche-
ronne s'en vient, le fagot sur l'épaule, retenu par le bras
gauche calé à la hanche et par la main droite. Elle est
vue la tête de profil à gauche, et vêtue d'un corsage noir
et d'un tablier blanc relevé sur une jupe rouge.

Signé à gauche, en bas : *N. Diaz, 61*.

Toile. Haut., 55 cent. 1 2 ; larg., 45 cent.

DIAZ

10 — *Dans la clairière.*

A droite et à gauche, le sol vêtu d'herbes : puis un massif d'arbres qu'une lumière blafarde éclaire. Au milieu, un sentier que suit une paysanne. Celle-ci semble se hâter, pour éviter l'orage qu'annoncent les nuées sombres qui obscurcissent le ciel.

Signé à gauche, en bas : *N. Diaz*.

Panneau. Haut., 22 cent.; larg., 26 cent. 1/2.

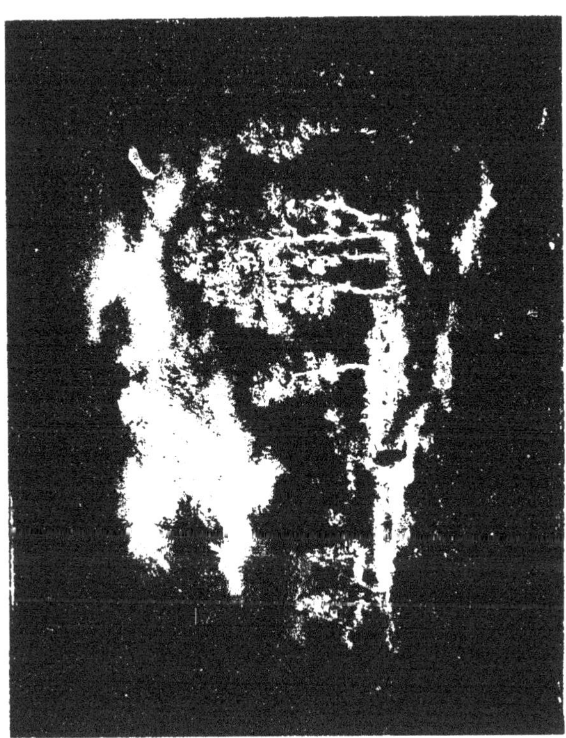

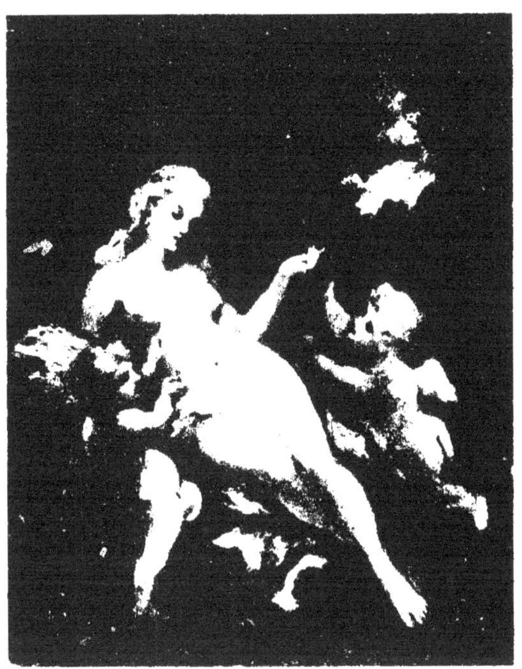

11

DIAZ

11 — *La Fée.*

Au fond du bois, dans le silence mystérieux, la fée, à
la nudité souple, a appelé près d'elle les deux amours
joufflus auxquels elle va distribuer des bijoux.

Son beau corps jeune repose sur une draperie rosée,
tandis qu'à ses pieds sommeille son chien vigilant et
fidèle. Au fond, dans l'écartement des branches, on aperçoit un ciel bleu d'émail.

Signé à gauche, en bas : *N. Diaz.*

Panneau. Haut., 15 cent. 1 2; larg., 12 cent. 1 2.

DUPRÉ

(JULES)

12 — *La Mare.*

Au milieu de la plaine où se dressent quelques
massifs d'arbres, la mare s'arrondit, prenant, dans son
miroir argenté, les reflets qui tombent du ciel clair, où
s'envolent des nuages gris et blancs. A droite, au premier plan, se trouvent des bruyères rousses. Du même
côté, sur l'autre bord de la mare, on aperçoit une
paysanne qui s'éloigne, en jupe rouge, pèlerine noire et
bonnet blanc. Signé à droite, en bas : *J. Dupré.*

Toile. Haut., 27 cent.; larg., 34 cent. 1 2.

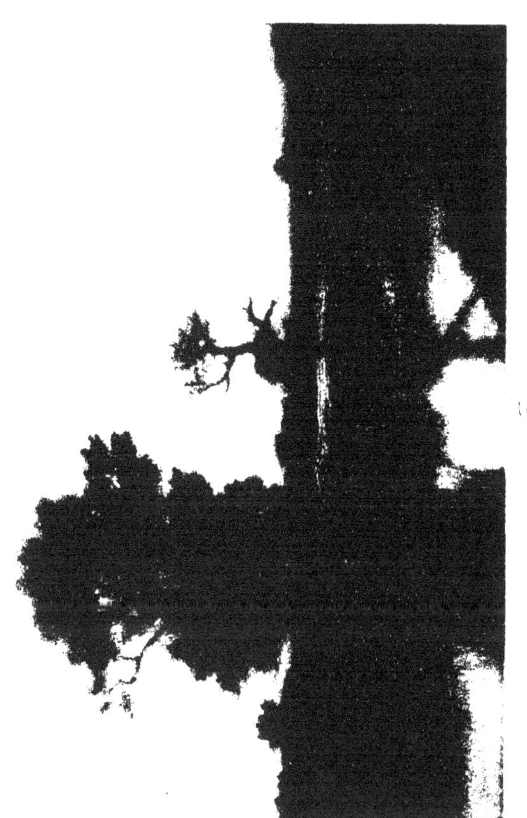

DUPRÉ

VICTOR

13 — *La Passerelle.*

A l'extrémité de la mare, dont les bords se resserrent,
deux petits pâtres ont, en guise de pont, organisé, par-
dessus l'eau, une passerelle faite d'une planche, et agrémentée d'une branche en guise de garde-fou. Tous deux
assis l'un près de l'autre, les pieds nus, ils pêchent à la
ligne, tandis que, à gauche, sur le sol herbeux, légère-
ment en pente, des vaches sont en train de paître. A
droite, un massif d'arbres dresse ses frondaisons estivales
sur l'écran du ciel illuminé. Au fond, vers la gauche, on
aperçoit, parmi les verdures, les toitures de quelques
chaumières et le clocher pointu d'une petite église. Des
roches sont dispersées au bord de l'étang.

Signé à gauche, en bas : *Victor Dupré, 1881*.

Toile. Haut., 33 cent.; larg., 49 cent.

FANTIN-LATOUR

14 — *Des pensées.*

Des pensées jaunes, lilas, ponceaux, dont les corolles
s'épanouissent sur un fond gris.

Signé à droite, en haut : *Fantin*.

Toile. Haut., 21 cent.; larg., 22 cent.

HARPIGNIES

15 — *Saint-Privé.*

Au premier plan, parmi les herbes, un petit sentier est tracé qui mène au village, et sur ce sentier deux paysannes, en groupes isolés, conduisent leurs bambins vêtus de blouses bleues et portant sur le flanc leurs musettes d'écoliers. Au fond, au-dessus des branches, on aperçoit la ligne des toits des maisons du village, dominé par le clocher de l'église dont la flèche s'élance vers le ciel bleu.

Signé à gauche, en bas : *H. Harpignies, 87.*

Toile. Haut., 46 cent. 1/2 ; larg., 55 cent. 1 2.

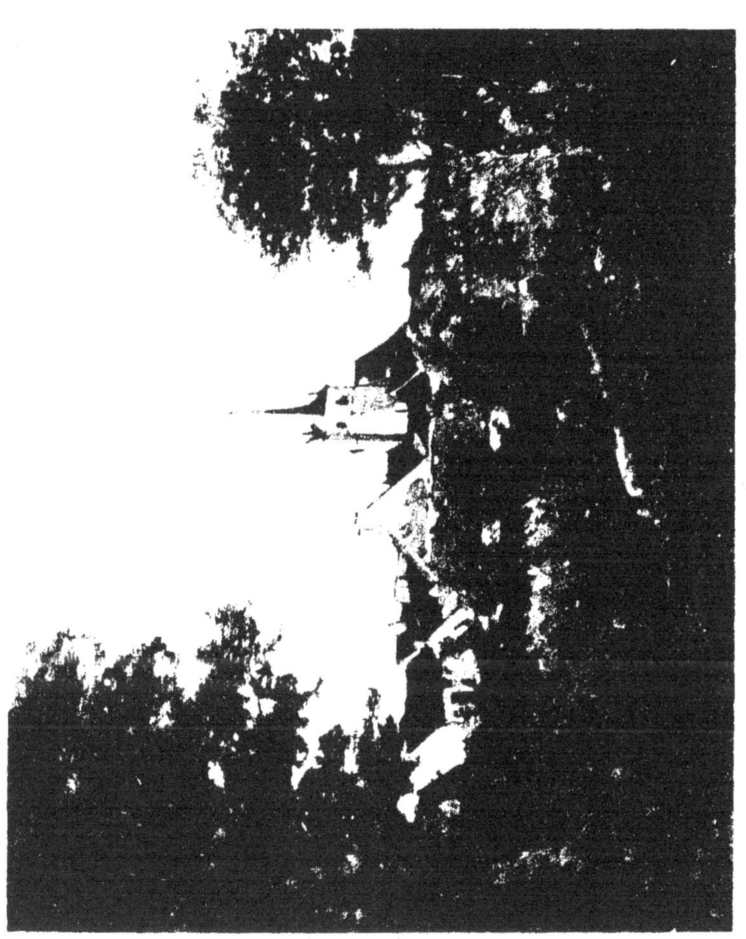

HARPIGNIES

16 — *Bords de rivière.*

La rivière coule entre des rives verdoyantes, dont le sol s'élève, à gauche, au fond, en une souple colline. A droite, des massifs d'arbres cachent le tournant de la rivière.

Le ciel est chaud avec des nuées blondes.

Signé à gauche, en bas : *H. Harpignies, 91.*

Toile. Haut., 23 cent.; larg., 31 cent.

ISABEY

(EUGÈNE)

17 — *Morutiers, à marée basse.*

Sur le sable du bassin, que la mer qui se retire laisse en partie à découvert, les morutiers et quelques barques sont à sec. A gauche, deux mathurins s'emploient à remonter un mât. A droite, au fond, on aperçoit les maisons de pêcheurs que domine le clocher d'une église.

Signé à droite, en bas : *E. Isabey, 61.*

Panneau. Haut., 27 cent. 1 2; larg., 35 cent. 1 2.

JACQUE
(CHARLES)

18 — *Le Poulailler.*

Dans le coin de la cour, sur la paille qui leur est aban-
donnée, les poules, rousses, blanches, noires, sont en
train de picorer. Au point le plus élevé, le coq, repu,
mais fier encore sur ses ergots, regarde autour de lui sa
cour, sans désir et sans pensée. A gauche, un balai est
abandonné près d'un baquet.

Signé en bas, vers le milieu : *Ch. Jacque.*

Panneau. Haut., 13 cent.; larg., 16 cent.

JONGKIND

19 — *Canal en Hollande.*

A droite, la rive verdoyante plantée de grands arbres
au feuillage chaud, quelques personnages y sont arrêtés
paresseusement. A gauche, le canal qui coule, agitant,
comme une palpitation de lumière, tous les reflets, qui
viennent du ciel ou de la terre. Puis, sur l'autre rive, au
bord de laquelle sont amarrés deux sloops de pêche, les
maisons du village, aux toits de tuile rouge et aux murs,
dont le crépit se dore sous la caresse du soleil. Quelques
nuées, comme des ailes transparentes et blanches, passent
au devant du ciel d'azur.

Signé à gauche, en bas : *Jongkind.*

Toile. Haut., 19 cent.; larg., 25 cent.

LAMBINET

EMILE

20 — *La Mare devant la ferme.*

A droite, la mare promène les reflets clairs qui tombent du ciel, et des verdures autour de la ferme toiturée de tuiles brunes. Quelques canards y prennent leurs ébats devant un massif d'arbres. A gauche, une grosse paysanne, qui vient de franchir une porte, ouverte dans une haie, est entourée de ses poules auxquelles elle jette leur provende.

Le paysage fleuri et clair se dessine sur un ciel bleu attendri de nuées blondes, légères, fugitives.

Signé à droite, en bas : *Emile Lambinet, 1856.*

Panneau. Haut., 23 cent.; larg., 32 cent.

ROUSSEAU

T H.

21 — *Les Chaumières.*

A l'orée de la forêt, les chaumières sont élevées à l'abri des frondaisons. Elles semblent des corps trapus et vieux sous leurs coiffures de chaume qui déborde. A gauche, sur le chemin, une paysanne s'éloigne, vêtue d'un costume rouge et d'une marmotte blanche. A droite, quelques roches émergent des herbes et des bruyères que domine un massif d'arbres. Dans le fond, très au lointain, on aperçoit un clocher d'église. L'œuvre s'enveloppe de lumière blonde.

Signé à droite, en bas : *T. R.*

Toile. Haut., 23 cent. 1 2; larg., 32 cent.

ROYBET

22 — *En garde!*

On va certaine.nent en découdre. Dans la ruelle sombre, un gentilhomme en pourpoint vert va tirer son épée. Il a laissé tomber sur le sol son feutre gris et il n'a d'attention que pour une porte qui va livrer passage à son adversaire.

Signé à gauche, en bas : *F. Roybet.*

Panneau. Haut., 15 cent.; larg., 11 cent. 1/2.

SCHIFF

(JEAN-MATHIEU)

PEINTRE NANCÉEN

23 — *L'Homme au béret bleu et aux longs cheveux.*

Signé à gauche, en bas : *J.-M. Schiff.*

Panneau. Haut., 25 cent. 1/2; larg., 22 cent.

STEVENS

24 — *Le Coup de vent.*

C'est le matin, sur la plage. Dans le ciel, il y a des menaces d'orage, et le vent qui vient du large souffle dru. Une jeune femme, vêtue de bleu, protège contre la bourrasque, de son ombrelle ouverte, le baby que porte une nourrice. Devant ce groupe, une fillette, agenouillée dans le sable, s'amuse à faire des pâtés. Au fond, à droite, on aperçoit quelques chalets construits sur la falaise.

Signé à gauche, en bas : *A. Stevens, 84.*

Toile. Haut., 54 cent.; larg., 38 cent.

TASSAERT

(OCTAVE)

25 — *La Jeune fille au lapin.*

La fillette est assise près de la table, sur laquelle on a posé le lapin blanc mort. Près d'elle, un chat aux poils roux se dresse sur ses pattes de derrière, et son appétit en éveil serait heureux de dire un mot à la pauvre bête immobile. La fillette est vêtue de gris et coiffée d'une fanchon blanche, et sa figure, d'une délicieuse joliesse, se détache en lumière sur le fond également gris.

C'est là une de ces pages enchanteresses où Tassaert se montre très grand peintre.

Signé à gauche, en bas : *O. T.*

Toile. Haut., 56 cent.; larg., 46 cent.

Collection V. Baroilhet (1855).

Collection Hoschedé (1875).

Collection Dumas fils.

Ch. Blanc, dans une lettre adressée à Baroilhet, a écrit, au sujet de cette très belle œuvre, des lignes qu'il est intéressant de reproduire :

« Vous vous rappelez sans doute, écrit-il, ce que disait Eugène Delacroix du tableau que vous possédez de Tassaert. Eh bien, oui, c'est un chef-d'œuvre de naturel, de sentiment, de grâce naïve. Une pauvre petite fille pleurant son lapin qu'on a tué, tourne ses regards humides sur un chat qui se dresse sur ses pattes, comme pour demander sa part de la victime, de sorte que la petite fille est toute embarrassée, dans sa douleur, entre son lapin mort qu'elle pleure et son chat vivant qu'elle aime. N'espérez pas, mon ami, remplacer jamais ce précieux morceau, aussi bien exécuté qu'il est bien senti : car la touche en est franche, simple, sans exagération, sans aucune de ces roueries de procédé dont on use, dont on abuse tant aujourd'hui.

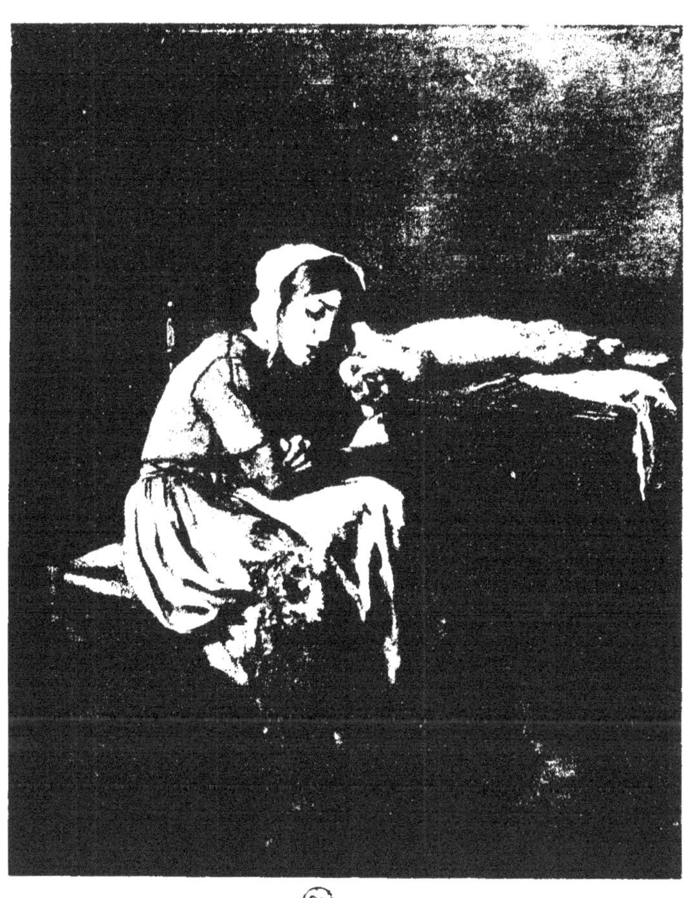

25

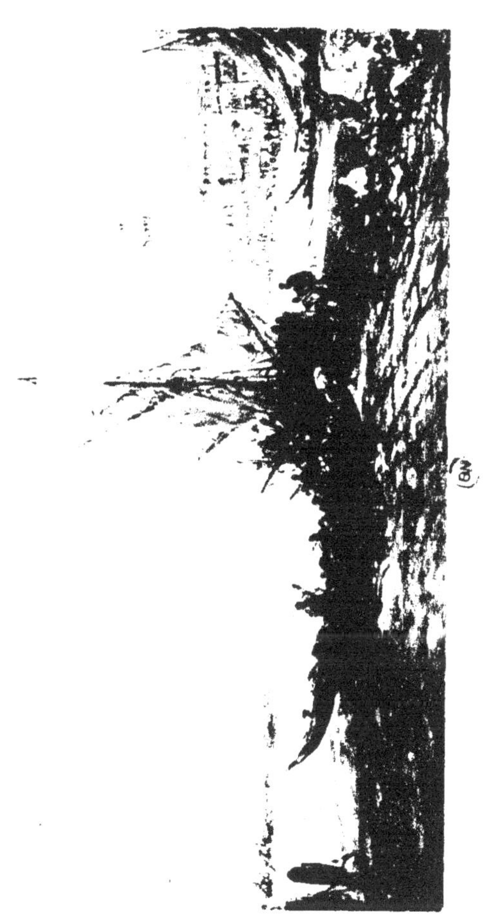

ZIEM

(FÉLIX)

26 — *Le Matin sur le Grand Canal, à Venise.*

Au premier plan, un trabacco va s'éloigner du quai,
chargé de passagers. Derrière lui, une tartane est en train
de s'armer. Sur le quai, à droite, des pêcheurs s'occupent
à remettre en état les voiles de leurs embarcations. Et,
au fond, de droite à gauche, c'est l'enchanteresse vision
des bords du Grand Canal, avec le Palais des doges, les
dômes de Saint-Marc, le Campanile, la Piazetta, la
Libreria ; puis, d'autres palais, puis Santa Maria della
Salute, etc. Tandis que du ciel tout illuminé et où le
soleil monte dans un poudroiement d'or triomphal, des
clartés d'une extraordinaire transparence se réfléchissent
dans l'eau bleue aux mille facettes.

Signé à droite, en bas : *Ziem.*

[illegible]